HABLEMOS DE FETICHES Y MANÍAS SEXUALES

Preguntas e Iniciadores de Conversación para Parejas Explorando Su Lado Perverso y Salvaje

¿Qué te prende *a ti*?

J.R. James

Serie Más Allá de las Sábanas

Libros 3

Copyright © 2019 J.R. James

Todos los derechos reservados.

ISBN: **978-1-952328-24-4**

AGRADECIMIENTOS

Me gustaría dar las gracias de todo corazón a nuestros fanáticos. La abrumadora popularidad de la serie *Hablemos de…* de libros de preguntas sexys ha sido increíble, y su éxito se lo debemos a ustedes, los lectores que desean tener más "sexy" en sus vidas. Muchas gracias. Que las conversaciones eróticas con sus cónyuges, parejas, amantes y amigos amplíen sus horizontes sexuales y esto los acerque más.

Enciende todavía más tu vida amorosa y explora todos los libros para parejas de J.R. James:

Libros de juegos sexis para parejas

¿Verdad o reto? Un juego sexi de elecciones traviesas (Edición caliente y salvaje).

Libros - Charlas atrevidas para parejas

Hablemos sexy: Iniciadores de conversación esenciales para explorar los deseos secretos de tu amante y transformar tu vida sexual.

Los **TRES** libros de preguntas sexis de *Hablemos de…* en un volumen enorme por un precio reducido. ¡Ahorra ya!

Hablemos de fantasías sexuales y deseos: Preguntas e iniciadores de conversación para parejas que explorar sus intereses sexuales.

Hablemos de la no-monogamia: Preguntas e iniciadores de conversación para parejas que exploran las relaciones abiertas, el intercambio de parejas o el poliamor.

Hablemos de fetiches y manías sexuales: preguntas e iniciadores de conversación para parejas que exploran su lado perverso y salvaje.

¡Cambia tu vida sexual para siempre a través del poder de la diversión sexi con tu cónyuge, pareja o amante!

Vacaciones sexis para parejas
https://geni.us/Passion

Sobre Qué Es Este Libro

A veces, las parejas pueden caer en patrones sexuales que se vuelven predecibles, incluso aburridos, después de un tiempo. Cuando se encuentran en una rutina sexual, la emoción erótica que antes les cosquilleaba por dentro se siente como un recuerdo perdido. Liberarse de la rutina es una de las muchas razones por las que una pareja podría explorar el mundo de las manías. Algunas personas saben, muy en el fondo, que tienen este "pequeño gustito" que *realmente* los enciende. Tal vez es dar nalgadas, o el voyeurismo, o la dominación- u otra cosa, pero sea lo que sea, ¡tienen una sensación especial cuando tienen la oportunidad de vivir esa fantasía! ¡Ahora es tu oportunidad de descubrir y discutir tu manía!

A través de una variedad de preguntas que tú y tu pareja podrán contestar por turnos, este libro los guiará a través de conversaciones sobre posibilidades bastante atrevidas y lo que *realmente* los prende. Les dará un buen punto de partida para explorar varias manías y fetiches que podrían interesarles. Si tu armario está lleno de látigos y trajes de látex, tal vez este libro sea muy básico para ti. Pero si no estás muy seguro de qué es lo que quieres, pero sabes que tienes que hacer *algo* para encender tu vida sexual, entonces este libro te puede ayudar. Así que, si estás familiarizado con el shibari o el kinbaku, o escondes una Violet Wand en uno de tus cajones, tal vez estés más avanzado que lo que ofrecemos. (¡Aunque siempre agradecemos los comentarios de los veteranos!) Entonces, si estás listo para descubrir y conocer tus manías secretas, vamos a proceder. ¡Después de todo, hasta los kinksters más experimentados tuvieron que empezar en algún momento, así que esta es tu oportunidad!

Primero necesitamos discutir la terminología y aclarar algunos puntos. (Para los expertos de las manías, por favor entiendan que estoy generalizando para simplificar.) Para aquellos que no saben, las manías, básicamente, son todo lo que se considera como conductas sexuales "fuera de lo normal" y fetiches que exigen algún tipo de objeto para la satisfacción sexual. Por ejemplo, el swinging podría ser considerado una "manía", mientras que la atracción sexual a los pies podría ser considerada un "fetiche". Todos los fetiches son manías, pero no todas las manías son fetiches. Como podrán imaginarse, al haber TANTAS cosas fuera de las conductas sexuales "normales", también hay una extensa variedad de manías y fetiches. Estas preguntas hablarán sobre las más comunes.

Las tres cosas más importantes que hay que recordar cuando estamos hablando de sexo "pervertido" son: **CONSENTIMIENTO**, **CONSENTIMIENTO** y **CONSENTIMIENTO**. Si se van a adentrar en el mundo de las manías, deben de estar completamente seguros de que todos los involucrados están en la misma página todo el tiempo. Recuerden, lo que le da placer "kinky" a una persona, puede ser incómodo o hasta desagradable para otra. Es por eso que la discusión es sumamente importante, tanto por placer como por seguridad. Algunas manías pueden llegar a ser peligrosas física o emocionalmente, y debes asegurarte de que todos los involucrados hayan dado su consentimiento explícitamente en todo momento.

También ayuda saber que muchas, muchas manías se pueden intersecar una con otra o sobreponerse. Por ejemplo, el bondage es técnicamente BDSM, pero también puede involucrar un poco de dominación. En las circunstancias correctas, el swinging también puede ser considerado sexo grupal. De nuevo, por simplicidad, no estamos diciendo que cada manía incluida en este libro cae directamente en *una* categoría, pueden caer fácilmente en muchas categorías. Solo queremos darles una idea de las categorías que se pueden involucrar.

Ahora que hemos cubierto esos puntos, avancemos a las preguntas como tal. Este libro está hecho ligeramente diferente a nuestros otros libros de la serie *Más Allá de las Sábanas*. Aún tenemos las preguntas de discusión en cada página, pero debajo de cada pregunta hemos incluido manías y fetiches que podrían interesarles dependiendo de sus respuestas. Recuerden, esto solo es para ayudarlos a conocer la manía para que puedan buscar más información sobre ella si así lo desean. ¿Listos para explorar? Bueno, ¡adelante!

Lo Que Este Libro No Es

Este libro puede empujar sus límites. Dicho esto, no está pensado para parejas ni individuos inseguros, ni para aquellos que puedan ser propensos a los celos.

Este libro no pretende reemplazar las discusiones terapéuticas y es únicamente para fines de entretenimiento. Si tu pareja y tú tienen problemas sexuales o relacionales, recomendamos ampliamente ir con un terapeuta marital o sexual.

No estamos recomendando ninguna de las cosas en este libro, ni alentamos ninguna acción o comportamiento que salgan del límite de confort de una persona. Además, no alentamos ni recomendamos ninguna práctica sexual insegura.

Los iniciadores de conversación en este libro no son una lista completa de cada fetiche o manía. Hemos excluido manías específicas que podrían ser consideradas "extremas" física o emocionalmente. También hemos excluido manías que podrían ser detonantes para aquellos que tengan traumas sexuales del pasado.

Estos son simples iniciadores de conversación que pueden guiarlos a discusiones más profundas o a la exploración. Así que, por favor, siéntanse libres de elaborar e improvisar en las preguntas.

1

Si tu amante tuviera una varita que al contacto con tu piel se sintiera como un cosquilleo de champán caliente, ¿te excitarías?

(Electrofilia)

2

¿Te gusta que tu amante bese, lama o sople en tus pezones?

(Juego de pezones)

3

¿Alguna vez has fantaseado con ser un stripper? ¿O te has preguntado cómo sería hacerle un baile erótico a un extraño?

(Exhibicionismo)

4

¿Alguna vez has tenido curiosidad sobre los "clubs sexuales"? ¿Estás dispuesto a visitar uno solo para ver cómo son?

(Swinging)

5

¿Te gustaría ser "usado" como juguete? ¿O ser un "juguete sexual vivo"?

(Sumisión)

6

¿La idea de alimentar a tu pareja mientras tiene los ojos vendados te parece erótica?

(Sitofilia)

7

Después de tener sexo con tu pareja, ¿alguna vez has sentido que puedes seguir y seguir? ¿Es difícil satisfacer tu apetito sexual?

(Gangbangs)

8

¿Te gustaría que tu amante se sometiera a todos tus caprichos? ¿Te gustaría que fuera tu "esclavo" y que cumpliera con todas tus peticiones sexuales?

(Dominación)

9

Otra persona está follando con tu pareja y lo único que puedes hacer es ver que suceda. Escuchas sus gemidos de placer mientras se mueven juntos en la cama y tú solo estás ahí sentado. ¿Estás excitado?

(Cuckolding - cornudos o Cuckqueaning - cornudas)

10

¿Disfrutas cuando tu pareja introduce un dedo en tu recto mientras están teniendo sexo?

(Enculada o pedicación)

11

¿Te gustaría que tu pareja te sostuviera en sus brazos mientras te arrulla y te consiente?

(Autonepiofilia o bebés adultos)

12

¿Cómo te sentirías si tu cuerpo completo estuviera envuelto en látex? Con cada movimiento que haces, sientes cómo el látex se estira en tu piel.
Si te gusta la idea, describe qué harías mientras lo usas.

(Fetichismo de látex)

13

¿Algunas veces quisieras que tu pareja tome el control durante el sexo? ¿Te gustaría que estuviera más a cargo en la actividad sexual?

(Sumisión)

14

¿Qué uniforme o disfraz te gustaría que usara antes del sexo? ¿A ti qué te gustaría ponerte?

(Juego de roles)

15

¿Crees que el dolor puede ser placentero?
Si es así, describe un escenario que considerarías excitante.

(BDSM)

16

¿Los pies de tu pareja te parecen especialmente atractivos? ¿Hay algo en ellos que te atraiga?

(Podofilia o fetiche de pies)

17

¿Disfrutas que te den nalgadas durante el sexo? ¿Quisieras nalgadas más fuertes y frecuentes?

(Azotes o nalgadas)

18

¿Alguna vez has fantaseado sobre ser del género opuesto o ponerte ropa de ese género?

(Transformismo)

19

¿La idea de tener los brazos sujetados mientras tu amante te destroza te parece emocionante? Si es así, describe un escenario que te prendería.

(Sumisión)

20

Imagina que estás en una noche de campamento con amigos. De alguna manera se convirtió en una sesión de besos grupal alrededor de la fogata. Alguien sugiere que vayan todos a una tienda de campaña. ¿Dices que sí? Si es así, ¿qué pasa en la tienda de campaña?

(Sexo grupal)

21

Si mientras te das un baño con tu pareja, se arrodilla frente a ti y te pide que lo orines, ¿lo harías? ¿Cómo te sentirías al respecto?

(Urolagnia o Lluvia dorada)

22

¿Cómo te hace sentir la sensación del cuero ajustado en tu piel? ¿Los pantalones o chaquetas de cuero son sexys por naturaleza?

(Subcultura leather)

23

¿Te gustaría que tu pareja te esposara a la cama mientras explora tu cuerpo lentamente con la lengua?

(Bondage)

24

¿Te interesa tener un trio? ¿Un cuarteto? ¿O algo más allá? Describe qué experiencia te gustaría tener.

(Swinging)

25

Imagina entrar en una tienda pequeña, pero no ves ningún cliente ni vendedores. Mientras te diriges hacia el fondo de la tienda, escuchas gemidos de placer saliendo de un vestidor y es obvio que dos personas están follando. ¿Te excita saber que puedes escucharlos sin que ellos sepan que estás ahí?

(Voyeurismo)

26

¿Quieres que tu amante te estimule analmente? ¿Qué opinas de usar un vibrador analmente?

(Enculada o pedicación)

27

¿Qué opinas de tener sexo en un lugar público donde es posible que la gente los vea?

(Exhibicionismo)

28

¿Te gustaría que tu amante te monte a horcajadas y gotee cera de una vela en tu pecho desnudo?

(Juego con cera)

29
¿La electricidad estática es una sensación erótica?

(Electrofilia)

30

¿Es excitante pensar en tu pareja yendo una cita sin ti, teniendo sexo desenfrenado y después que llegue a casa a contarte todo?

(Cuckolding - cornudos o Cuckqueaning - cornudas)

31

¿Es excitante pensar que tu pareja te haga llorar del shock o la sorpresa de una nalgada inesperada durante el sexo?

(BDSM)

32

¿Te gustaría cubrir a tu amante en chocolate y lamerlo en su cuerpo? Si no fuera chocolate, ¿te gustaría usar otro alimento?

(Sitofilia)

33

¿Alguna vez has fantaseado con ser forzado a ver a tu pareja complacer a alguien más?

(Cuckolding - cornudos o Cuckqueaning - cornudas)

34

¿Te gustaría actuar una escena sexual con tu pareja? ¿Cómo sería? ¿Qué quisieras que hiciera o dijera tu pareja?

(Juego de roles)

35

¿Te emociona pensar en sujetar a tu amante y sostener sus muñecas mientras lo follas? ¿Quieres estar encima y a cargo?

(Dominación)

36

¿Te gustaría que inclinarte sobre las rodillas de tu pareja y que te azote? ¿Te excitaría?

(Azotes o nalgadas)

37

¿Te prende la idea del squirting?
Si eres mujer, ¿alguna vez has tenido un squirt al llegar al orgasmo?

(Urolagnia o Lluvia dorada)

38

Estás en una fiesta y la estás pasando muy bien. Parece que un grupo de amigos han ido a un dormitorio y se están quitando la ropa. Es obvio que están a punto de tener sexo. ¿Te interesa unirte a ellos?

(Sexo grupal)

39

¿Te gusta cuando tu amante muerde o pellizca tus pezones?
Si es así, ¿prefieres que lo haga fuerte o suave?

(Juego de pezones)

40

¿Te gusta la idea de abrazar a tu amante mientras usas pañales para adultos, siendo tratado como un bebé?

(Autonepiofilia o bebés adultos)

41

Imagina que entras tarde a una sala de cine y te sientas en la última fila. Solo hay otra pareja en la sala y están sentados en la primera fila. No notan que estás ahí. Antes de saberlo, están follando escandalosamente. ¿Qué haces?

(Voyeurismo)

42

¿Te excita la idea de ser tratado por tu amante como una mascota o un animal?

(Pet play o juego de mascotas)

43

¿Te parece sexy la idea de tener a muchas personas al mismo tiempo satisfaciéndote sexualmente? Imagina una persona tras otra follándote consecutivamente hasta que estés exhausto. ¿Te excita?

(Gangbangs)

44

¿Te excita la idea de usar un pepino u otro vegetal como dildo?

(Sitofilia)

45

¿Te interesa utilizar corsés o shorts de cuero?

(Subcultura leather)

46

¿Alguna vez has querido chupar los dedos de los pies de tu pareja?

(Podofilia o fetiche de pies)

47

¿Sería excitante tener las manos y los pies atados con cuerda?

(Bondage)

48

Tu mejor amigo, tu pareja y tú están pasando el rato por la noche. En un reto absurdo, tu pareja y tu amigo se empiezan a besar. ¿Qué te gustaría que pasara después?

(Swinging)

49

¿Disfrutas el sexo anal? ¿Qué disfrutas normalmente, dar o recibir? ¿Estarías dispuesto a cambiarlo?

(Enculada o pedicación)

50

¿Consideras que el sexo es una experiencia espiritual? ¿Te gustaría aprender a prolongar la experiencia y a compartir energía erótica con tu pareja en más que en el sentido físico?

(Tantra o tantrismo)

51

¿Te gustaría ordenarle a tu pareja que no se mueva mientras lo tentas sexualmente? ¿Te excita verlo intentar obedecer?

(Dominación)

52

Si tu pareja te monta a horcajadas desnudo mientras se besan, ¿cómo te sentirías si de pronto te orina la pierna? ¿Te excitarías o al contrario?

(Urolagnia o Lluvia dorada)

53

¿Te excita pensar en tu pareja azotando suavemente tu cuerpo con correas de cuero?

(BDSM)

54

¿Alguna vez imaginas escenarios sexys en los que tú y tu pareja actúan un papel? Por ejemplo, una "estudiante" debe quedarse después de clase con el "maestro"?

(Juego de roles)

55

Si tú y tu pareja estuvieran en la playa, tomando el sol y besándose, ¿te excitaría saber que hay personas mirándolos?

(Exhibicionismo)

56

¿Te parece erótico pensar en tu pareja comparándote con otro amante? ¿Y si estuviera diciéndote lo mejor que es la otra persona en la cama?

(Cuckolding - cornudo or Cuckqueaning - cornuda)

57

¿Te gustaría tener los ojos vendados y que tu pareja te ordene que obedezcas sus órdenes? ¿Disfrutarías ser obediente?

(Sumisión)

58

¿El pensamiento de luchar mientras estás atado te parece excitante o sensual?

(Bondage)

59

¿Te gustaría ser el disciplinario en una relación sexual?

(Dominación)

60

¿Te excita la idea de escuchar a tu pareja decir cosas sucias y maldecir durante el sexo? ¿Qué te gustaría escucharlos decir?

(Hablar sucio)

61

¿Te gustaría masturbarte delante de tu pareja (u otras personas)?

(Exhibicionismo)

62

¿Te gustaría que tu pareja usara sus pies o sus dedos de los pies para hacer que termines?

(Podofilia o fetiche de pies)

63

¿Pueden los celos o la humillación sentirse sexualmente excitantes?

(Cuckolding - cornudos or Cuckqueaning - cornudas)

64

¿Usar un traje ajustado y brilloso te parece una idea sexy?

(Fetichismo de látex)

65

¿Cómo te sentirías si tu pareja te pusiera un collar y una correa? ¿Y si te hiciera comer de un plato en el piso?

(Pet play o juego de mascotas)

66

¿Te gustaría sentir a tu pareja deslizar su lengua entre tus nalgas y lamer tu ano? ¿Te gustaría probarlo en él también?

(Anilingus)

67

Imagina a tu pareja acariciando suavemente tu cuerpo desnudo con una pluma mientras estás boca arriba. ¿La sensación de las cosquillas sería una carga sexual?

(Knismolagnia o fetiche de cosquillas)

68

¿Te gusta el sexo rudo?
¿La idea de que te muerdan
o tiren de tu cabello te
parece excitante?

(BDSM)

69

¿Te gustaría despertar con tu pareja acariciándote o dándote sexo oral? ¿Ver a tu amante dormido te parece excitante?

(Sexsomnia)

70

¿Te parece erótico tener
sexo con tu pareja mientras
está totalmente vestido?
¿Y si tú también tuvieras
toda tu ropa puesta?

(Enditofilia)

71

¿Te excitaría ver a una pareja teniendo sexo en los videos de una cámara de seguridad?

(Voyeurismo)

72

¿La idea de un grupo caliente y sudoroso de personas teniendo sexo te atrae? ¿Alguna vez has querido experimentar una orgía?

(Sexo grupal)

73

¿Qué pensarías si tú y tu pareja fueran a una cita doble con otra pareja y todos terminaran juntos en la cama?

Si te gusta la idea, ¿hay alguna pareja que te imaginas que se uniría a ustedes en la cama?

(Swinging)

74

¿Te gustaría visitar una playa o un resort nudista?

(Exhibicionismo)

75

¿Hay algo sexy, erótico y primitivo sobre el fuego? ¿Te parece sensual la sensación caliente de una llama?

(Pirofilia)

76

¿Disfrutas que masajeen tu pecho o que chupen tus pezones?

(Juego de pezones)

77

¿Te prende la sensación de usar spandex o prendas ajustadas y resbaladizas? ¿Disfrutas ver a tu amante usando prendas así?

(Fetichismo de látex)

78

¿Te excita pensar en ser arrojado contra la pared y fuertemente azotado?

(BDSM)

79

¿Te gustaría ver a tu pareja con ropa totalmente diferente a la que acostumbra usar?
Por ejemplo, una mujer femenina usando ropa de construcción, o un hombre masculino usando lencería?

(Transformismo)

80

¿Te gusta fingir que tu amante es alguien más durante el sexo?

(Juego de roles)

81

¿Te prendería referirte a tu pareja como "Señor", "Señora", "Amo" o "Ama" durante el sexo? ¿Consideras erótico el ser "inferior" a ellos?

(Sumisión)

82

Imagina estar acostado desnudo en la cama mientras estás ligeramente atado y con los ojos vendados. Tu pareja te tienta de diferentes maneras sin decir una palabra. ¿Suena excitante?

(Sensualidad)

83

¿Te gustaría ser amordazado por tu pareja mientras te folla fuertemente?

(BDSM)

84

¿Te gustaría que tu pareja te discipline con una palmeta/paddle?

(Azotes o nalgadas)

85

¿Te gustaría ser follada por atrás con un dildo o un pene? ¿Te excitaría?

(Enculada o pedicación)

86

¿Alguna vez has querido lamer crema batida del cuerpo de tu amante?

(Sitofilia)

87

Imagina tener que mantenerte completamente callado durante el sexo, sin palabras ni sonidos. ¿Te parece un desafío erótico?

(Sexo silencioso)

88

Si tu pareja y tú fingieran ser completos desconocidos que se conocen y tienen sexo apasionado, ¿te gustaría o te parecería extraño?

(Juego de roles)

89

¿Alguna vez te has excitado en medio de una "pelea de cosquillas"?

(Knismolagnia o fetiche de cosquillas)

90

¿Te excitan las medias o los calcetines en pies "atractivos"? ¿O qué tal una persona sexy quitándose los zapatos?

(Podofilia o fetiche de pies)

91

Si tu pareja tuviera la habilidad de dar choques eléctricos en cualquier parte de tu cuerpo a voluntad, ¿te interesaría?

(Electrofilia)

92

¿Te interesa tener una experiencia sexual más profunda y sensual con tu pareja?

(Tantra o tantrismo)

93

¿Estarías dispuesto a tener las manos atadas y colgadas del techo, tu pareja tentando tu cuerpo mientras estás indefenso?

(Bondage)

94

¿Te gustaría le sensación de una vara delgada golpeando la parte inferior de tus pies descalzos?

(El castigo con palmeta

95

¿Alguna vez has disfrutado del sexo con tu pareja mientras usan su ropa interior o que solo empujaron las bragas a un lado?

(Enditofilia)

96

¿El pensamiento de hacer el amor con tu pareja en una habitación llena de desconocidos te prende? Si es así, describe qué es lo más erótico de eso.

(Exhibicionismo)

97

¿Es emocionante imaginar no tener forma de ver o escuchar lo que tu amante pueda hacerte en la cama? Cada sensación sería una sorpresa.

(Sensualidad)

98

¿Alguna vez te ha parecido excitante el acto de orinar?

(Urolagnia o Lluvia dorada)

99

¿Alguna vez fantaseas con ser el centro de atención sexual en un grupo de personas? Todos están ahí solo para complacerte. ¿Te interesa?

(Gangbangs)

100

¿Tienes los pezones perforados o te interesa perforártelos?

(Juego de pezones)

101

¿El ser "castigado" por tu amante en la habitación te parece una idea sexualmente emocionante?

(BDSM)

102

¿Alguna vez has querido que tu pareja deslice un cubo de hielo por tu cuerpo desnudo?

(Sensualidad)

103

¿Te interesaría que tu pareja te dijera exactamente qué ropa usar en un escenario sexual?

(Sumisión)

104

¿Te gustaría ver a alguien más grande, más fuerte o más atractivo que tú satisfacer sexualmente a tu pareja?

(Cuckolding - cornudos o Cuckqueaning - cornudas)

105

¿Te excita pensar en tu pareja humillándose mientras se arrodillan frente a ti? ¿Y hacerlos besar tus pies?

(Dominación)

106

¿Hay algún fetiche o manía que te interese que no hayamos incluido en el libro?

107

¿Te gustaría probar alguna de las manías que discutimos hoy?

Enciende todavía más tu vida amorosa y explora todos los libros para parejas de J.R. James:

Libros de juegos sexis para parejas

¿Verdad o reto? Un juego sexi de elecciones traviesas (Edición caliente y salvaje).

Libros - Charlas atrevidas para parejas

Hablemos sexy: Iniciadores de conversación esenciales para explorar los deseos secretos de tu amante y transformar tu vida sexual.

Los **TRES** libros de preguntas sexis de *Hablemos de...* en un volumen enorme por un precio reducido. ¡Ahorra ya!

Hablemos de fantasías sexuales y deseos: Preguntas e iniciadores de conversación para parejas que explorar sus intereses sexuales.

Hablemos de la no-monogamia: Preguntas e iniciadores de conversación para parejas que exploran las relaciones abiertas, el intercambio de parejas o el poliamor.

Hablemos de fetiches y manías sexuales: preguntas e iniciadores de conversación para parejas que exploran su lado perverso y salvaje.

¡Cambia tu vida sexual para siempre a través del poder de la diversión sexi con tu cónyuge, pareja o amante!

Vacaciones sexis para parejas
https://geni.us/Passion

SOBRE EL AUTOR

J.R. James sabe que las conversaciones sexys con tu pareja son una experiencia de vinculación mágica. Sus libros de preguntas *best-sellers* incitan a las parejas a tener discusiones sexuales honestas y abiertas. El resultado es una relación cargada de erotismo y sexualmente liberadora.

www.ingramcontent.com/pod-product-compliance
Lightning Source LLC
Chambersburg PA
CBHW071235020426
42333CB00015B/1475